सेवा से सृजन

(काव्य संग्रह)

शेखर चन्द्र जोशी

PUBLICATION

Delhi-110089, India

प्रथम संस्करण : 2021
ISBN : 978-93-90889-07-5

मूल्य : 195/-

© सम्बंधित रचनाकार के अधीन
आवरण : ज्योति

सेवा से सृजन (काव्य संग्रह)
शेखर चन्द्र जोशी

Seva Se Srijan (Kavya Sangrah)
-Shekhar Chandra Joshi

Published by

PRAKHAR GOONJ PUBLICATION

H-3/2, Sector-18, Rohini, Delhi-110089
Email : prakhargoonj@gmail.com
         sinha.neelu123@gmail.com
Ph. : 011-42635077, 7982710571, 7838505899
web : prakhargoonjpublications.com

सादर समर्पित

वैसाक, एल.पी. ट्रस्ट अल्मोड़ा की प्रेरणा से हमारे समस्त पूर्वजों विशेष रूप से जो कोरोना सेवा, समाज सेवा, देश सेवा, शहीद, दिवंगत आदरणीय प्रियजन चित्रकारों, कलाकारों, साहित्यकारों व सृजनकारों की स्मृति में सभी मृत आत्माओं को समर्पित।

प्राक्कथन / आभार

साहित्य, संगीत व कला का मानव के उत्थान में बड़ा योगदान है। मानव बनने में पीढ़ी दर पीढ़ी न जाने कितनी पीढ़ियां गुजर गईं इसका भान शायद ही कोई कर पाये। क्योंकि पीढ़ियों का कोई इतिहास भी पूर्ण रूप से जानता नहीं है। हम युगों की बातें तो कुछ हद तक जानते हैं। महर्षि व्यास जी के अनुसार सतयुग, त्रेतायुग, द्वापरयुग तथा कलयुग बताये गये हैं।

मैं भी सौभाग्यशाली हूं कि कलयुग में जी रहा हूं तथा अपनी पीढ़ी के जोशी परिवार का एक सदस्य हूं जो आज अपने दादा जी तक का नाम मात्र जानता है। दादा-दादी को तो छोड़ो मैंने अपनी माताश्री को तब खोया था (जब वे दिवंगत हुई) जब मैं छोटा तथा मेरा छोटा भाई मात्र 6 माह का था।

प्राक्कथन के लिए पूर्व प्रधानाचार्या डॉ० शांति चौधरी जी जिन्हें मैं बहुत मानता हूँ, से अनुरोध किया था व्यस्तता के कारण या अन्यत्र जो भी कारण रहा हो, उनके मौन उत्तर से ही अशांत मन को अब शांति मिल रही है, जो किसी भी शांति चाहने वाले के लिए सर्वोपरि होती है।

एक बार पुनः मेरा सभी को आभार जिन्होंने प्रत्यक्ष व अप्रत्यक्ष रूप से मुझे कलाकार, साहित्याकार व समाज सेवी बनने की ओर प्रेरित, प्रोत्साहित कर अपना यथायोग्य देकर मुझे इस युग की हमारी इस पीढ़ी के पायदान पर स्थान दिया।

माँ के प्यार का अभाव पिता श्री ने पूरा किया डाँट-फटकार के साथ ही सही। यह भी कहावत है कि पिता की डॉट व मार सुनार के सोने को पीटने जैसी ही होती है। तभी आभूषण गढ़ा जाता है। गुरू का ज्ञान भी महत्वपूर्ण है जो मुझे मिला साथ ही भगवान का आर्शीवाद राशी तो मिला जिसके फलस्वरूप आज मेरी अन्य पुस्तकों से अलग मेरी इस पुस्तक का प्रकाशन हो पा रहा है।

बचपन से लेकर अद्यतन तक घर-परिवार के अन्दर तथा बाहर जहां भी मैं गया सेवा का भाव बना रहा, जो भी मैंने देखा-सुना व महसूस किया उसे अपने शब्दों व रेखांकनों में समेटा। शब्द व रेखा संयोजन की भावना बलवती होने का कारण काफी समय से उसे उजागर करना था कहा भी जाता

है भाग्य से अधिक समय से पहले कुछ नहीं मिलता है। सेवा में सृजन ही सर्वोपरि है।

सेवा में सृजन का मेरे जीवन में गहरा संबंध रहा। परिवार, समाज, देश सेवा सभी आवश्यक हैं। इसमें सृजन का समावेश सर्वांगीण विकास की ओर अग्रसर होता है। सबके लिए प्रेरणादयी होता है। पूर्वजों की प्रेरणा से प्रेरित हो मेरी सेवा सदैव सृजन की ओर रही जिसे मैंने चित्रकारी व लेखन दोनों ही ओर लगाते हुए परिवार समाज व देश सेवा की ओर उन्मुख किया। यह प्रकाशन भी उसी ओर प्रत्येक के लिए प्रेरणादायी होना चाहिए ऐसा मेरा विश्वास है।

सेवा से सृजन में उन सबका आभार जिनकी प्रेरणा, बिछोह, दर्शन, श्रवण, पठन से प्रत्यक्ष व अप्रत्यक्ष रूप से उपजा यह काव्य-रूपी उद्गार का प्रारम्भिक टंकण श्री संतोष मेर, पुस्तक निर्माण के डिज़ाइनर ज्योति सिंह तथा मुद्रण एवं प्रकाशन श्रीमती नीलू सिन्हा का विशेष आभार।

उक्त में दोस्तों, रिश्तेदारों, छात्रों, विभागीय सदस्यों, प्रेस मीडिया व मेरे सभी शुभेच्छुओं आदि के साथ परिवारीय सदस्यों की बड़ी कृपा है जो नित नये काम की उपलब्धि पर मुझे अग्रिम सृजन के लिए बधाई के साथ सेवा के लिए प्रोत्साहित करते थे। उन सभी के प्रति मेरा यथायोग्य प्रणाम, प्यार व आशीर्वाद इस कामना के साथ कि वे सदा आनन्दित, स्वस्थ्य व दीर्घायु रहें। हम सब सदैव सेवा व सृजनरत रहें इन्हीं सब कामनाओं के साथ अनेकानेक शुभ कामनाऐं।

शेखर चन्द्र जोशी

अनुक्रमांक

1) सरदार वल्लभभाई पटेल — 13
2) देकर भी, संदेश नया दे जाऊँगा — 15
3) कल्पना की बलि — 17
4) अतृप्त भूख — 19
5) कला — 21
6) माँ — 23
7) मेरी माँ — 25
8) माँ का ऋण — 27
9) पापा आना — 29
10) हूँक-हूँक — 31
11) प्रकृति के रंग — 33
12) जंगल में पेड़ — 35
13) दो, तीन शून्य — 37
14) कला किरण — 39
15) जीवन — 41
16) लूट है — 43
17) कृति प्रकृति की — 45
18) प्रातः न आया — 47
19) तुम्हारा मान — 49
20) कहूँ बाबू की व्यथा — 51
21) स्पर्श का हर्ष — 53
22) मैं एक पतंग हूँ — 55
23) हिन्दुस्तानी — 57
24) मानव के पथ — 59
25) रंग से रंग — 61
26) किताबें कला चित्रकला की — 63
27) कला विज्ञान प्रौद्योगिकी — 65
28) काम पर लगा — 67
29) एक जातिगत नाम — 69
30) सेवा से सृजन — 71
31) एक बीज करूणा का — 73
32) आजादी — 75

33) एक रंग ... 77

34) चाँदनी ... 79

35) परदेश ... 81

36) प्रकाश एक ... 83

37) जीवन दो ... 85

38) नदिया की चाह ... 87

39) परमाणु विस्फोट ... 89

40) सुबह बनी स्याह रात ... 91

41) आशा ... 95

42) विभिन्नता में एकता ... 97

43) क्राफ्ट ... 99

44) जुड़ते-जुड़ते ... 101

45) जिन्दगी ... 102

46) मुस्मुसिया ... 103

47) न हूँ मैं ... 104

48) कॉल करो ... 105

49) लोक कलाएं ... 106

50) जीओ मुलाकात ... 107

51) एक साथ ... 109

सेवा से सृजन

सरदार वल्लभभाई पटेल

'एका' की एक मूर्ति
अखण्ड भारत के स्वप्नकार
देश प्रेम से आत्मसात
आजाद भारत के पहले
उप-प्रधानमंत्री व गृहमंत्री
बारडोली का सत्याग्रह
अहिंसक आन्दोलन से
बिखरी 562 रियासतों को
किया एकीकृत
योगदान भारतीय मंत्रालय से
स्थिर एकीकृत राष्ट्र के
अधिकार एवं कर्तव्य
देश की विविधता व व्यापकता
आगे बढ़े एका से
भारत रत्न सरदार वल्लभभाई पटेल
जिससे प्रेरित हो देश ने मनाया
राष्ट्रीय एकता दिवस
देश की एकता निमार्ण में
अपराजयता का संदेश
एक नई सोच के साथ
विश्व का सबसे ऊँचा
त्याग का एकता की ओर
गुजरात के स्टेच्यू ऑफ 'यूनिटी'
182 मी. ऊँचे लौह पुरूष
जो हैं गौरव हम सबके
अब बने सरदार विश्व के
साकार हुई मोदी संग परिकल्पना
सलाम मूर्तिकार व अभियंता के तकनीक
नमन करूं मैं फिर आज (31/10/2018)
आगे भी हर साल

देकर भी, संदेश नया दे जाऊँगा

हार नहीं मानूगाँ, गीत नया गाऊँगा
देकर भी, संदेश नया दे जाऊँगा
सत्रह-आठ-दो हजार अठारह
सांय पाँच बजे
दत्तक पुत्री नमिता, कहती अलविदा
साथ में हम भी और तुम भी
करते शत-शत नमन
अश्रुपूर्ण श्रद्धांजली से
कहते अलविदा अटल
है यही अंतिम यात्रा
शुरू हुई जो 'अ' से अटल
अटल सी जो न हो खतम
साहस सद्भाव संतुलन
कविता से प्राण
सकारात्मकता है जान
जय जवान, जय किसान
इसमें जोड़ा जय विज्ञान
जन नायक भारत रत्न
अटल सा अटल से
अंहकार से दूर
न जाने चला कितनी दूर
लोकप्रियता की अनंत
यात्रा पर अटल।
(अनवरत् यादों से परे, शून्य में)

कल्पना की बलि

बंधन फेरों का, मधुर मिलन
चाँदनी बिखरी सी
स्याह राह में आगमन
अद्भुत निराला आत्मसात
एक्स-एक्स या एक्स वाई
गुण सूत्र का सूत्रपात
आशा संशय उबकाई
मितली तितली की
खट्टा, खट्टा-मीठा
आशा, सपने, अपने-अपने
अल्पना की कल्पना
शिखिन शेखर, रश्मि-रंजन
कल्पना के पूंज
एक-दो पूर्ण, होने को नौ-नवीन
मैं भी खोजता
गुदगुदाता-मुस्कराता
ढूंढता एक नाम
नहीं-नहीं-नहीं
अंधकार टूटे तारे
समय व भाग्य की बलि
मौत कल्पना की
संजो नहीं सकता सपने
कल्पना मानव की
प्रकृति की कल्पना
विज्ञान और भगवान भी
प्यारी हुई, अदृश्य सत्ता को
बलि, अल्पना की कल्पना

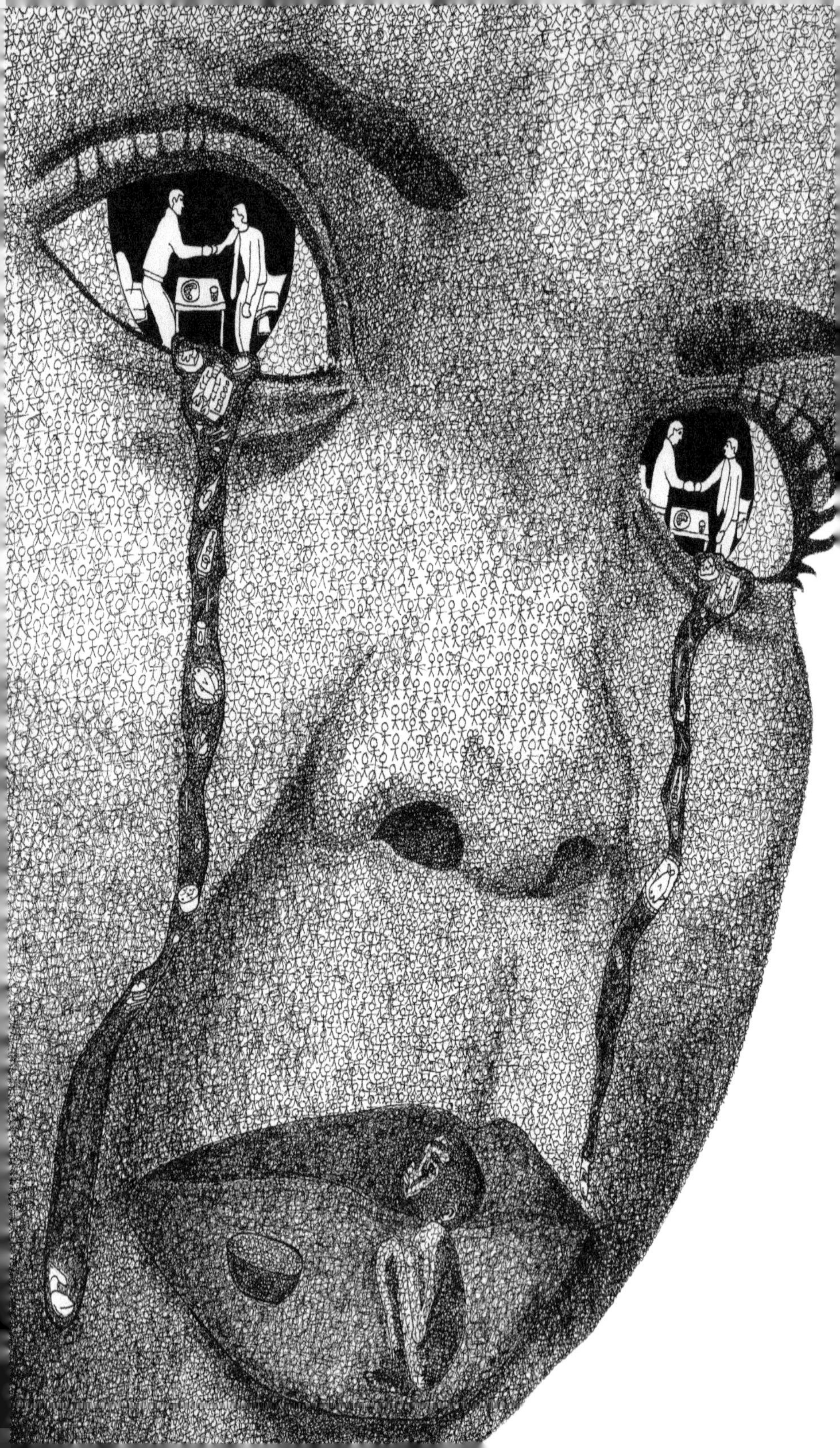

अतृप्त भूख

भूख की तृप्ति में,
आजीविका की खोज
निष्ठा व श्रम की जीविका
स्वालम्बन व मर्यादा की
युवती 'मौसी' ने अपनाई
खाना पकाना, कपड़े धुलाई
रूपया ढाई सौ महीना पाई
भूख की अतृप्त तृप्ति में
श्रम रहित जीविका से
हुश्न व जवानी की आड़ में
काल गर्ल की राह में
अनजान सा भूखा टकराया
पल दो पल के प्यार में
दबी भूख की आग से
भूख की अतृप्त भूख में
भूख के उबाल पर
हजार रूपया घंटा भर ?
भ्रम भूख का सब काफूर
श्रम रहित जीविका ने
मौसी याद दिलाई
श्रम जीविका ने विजय पाई
तृप्त करने भूख, निष्ठा व मर्यादा खूब

कला

करना कोई काम
अनुकृति दे काम को सुन्दर अन्जाम
कला एक नाम
अभिव्यक्ति ही दाम

कला के दो पहिये
श्रव्य व दृश्य
नाटक संगीत
चित्र, मूर्ति, वास्तुकला

प्रस्तुति व प्रदर्शन
सौन्दर्य के दर्शन
सृजन की धारा
मन हो वारा न्यारा

भारतीय चित्रकला
प्राचीन से वर्तमान
नाना रूप व शैली
पाषाण भित्ती ग्रन्थ स्क्रोल वसली।

लेखक के द्वारा निर्मित चित्र

माँ

माँ
तुम, एक परिचय हो
अपनत्व का
एहसास हो
भिनी-भिनी खूशबू का
संदेश देती
कर्म, स्वालम्बन का
आपके चुम्बन
जगाते हैं मुझे
फैलाने अथाह प्यार
बाँटने दुख हजार
समर्पित करने
माँ का प्यार

मेरी माँ

मैनें उसकी ममता में
अपनी माँ की तस्वीर देखी
दुलार देती जब वह
अपने लाडले मुन्ने पर
थका-हारा खेलता-मचलता जो
बाहों में अपनी माँ के
देखने लगा मैं भी एकटक
आइना नजर आया
आँसू थे जिसके भीतर
चेहरे पर फूल खिले थे
ये मुस्कान मुझे गुर में
मेरी माँ ने ही दिये थे
जो दूर आइने में
माला टंगे पड़े थे।

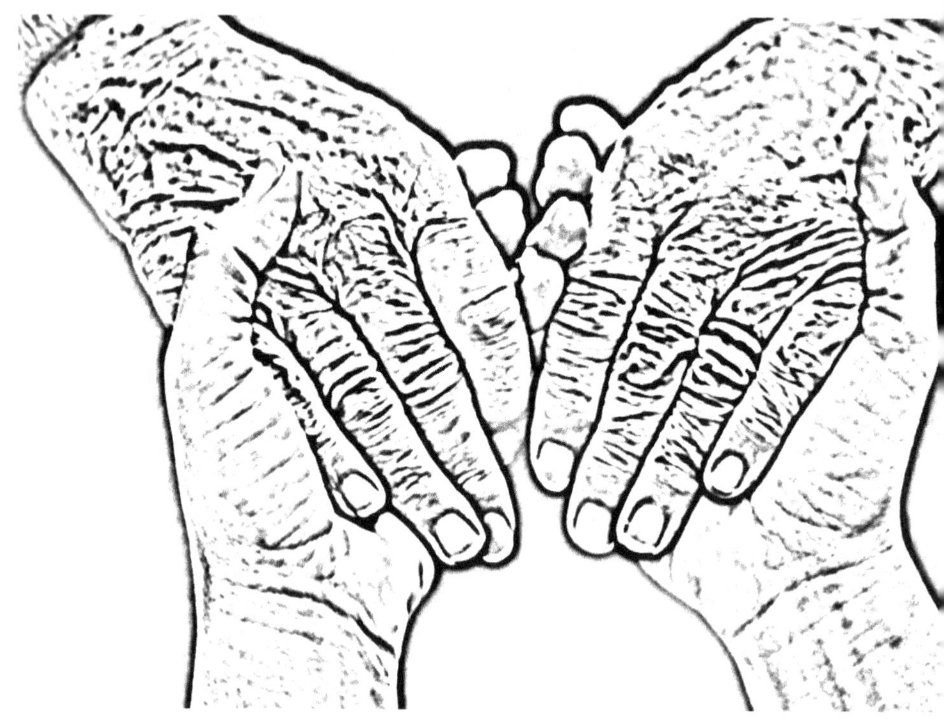

माँ का ऋण

दिन गुजारे
उसने मुझ बिन
सोने नहीं देती
रात-रात
लतियाति-चिंगोटती
भिगोती भी है मुझे
न होती, अच्छा था
एहशान फरामोश सी
क्यों भूलती थी मैं
हक अपना
अदा करने
माँ का ऋण
ऋण जो न हो
कभी उऋण

पापा आना

बॉय पापा, आना
नन्हीं सी, दो बच्चियाँ
कह रही थी
पग बढ़ाता, मुड़-मुड़ देख
अपने फौजी पापा से
जो लौट रहा था
अटैची हाथ में थामे
उठाने बन्दूक सीमा पर
मधुर-मिलन के बाद
रूआती सी उसकी पत्नी
उठाये गोद में एक तीसरी नन्हीं
एक माँ संजो रही थी
अब सपने आगमन के
भारत माँ के सपूत का
सपूत के सपूत का

हॅक-हॅक

अन्जान कदमों के साथ
मंजिल की ओर
बढ़ते कदम
पास आती
खींचने की कोशिश
कर्कश आवाज
जिज्ञासा के पल
पथ पर लौटे
विकृत मानव
पतली विषम हड्डियाँ
आँखे उभरी, चेहरा पिचकी हुई सी बाल
रोलर सा अटपटा शरीर
हॅक-हॅक
खींचता पथिक को
मंजिल की ओर

प्रकृति के रंग

प्रकृति के नाना रंग
मानव के संग-संग
प्रकृति उसकी बतलाते
बुद्धिमता प्रखरता से गर्वित
रोशनी देता पीला
ज्ञान वीरता प्रेरणा से
लपट देता है नारंगी रंग
फैलाता प्रेम प्रसन्नता
उत्तेजना में हो जाता क्रोधित लाल
अराजकता घृणा भाव से
शंकित होता यह गर्म रंग
रहस्य एवं मृत्यु का द्योतक
राजसी सम्मान में हो बैगनी रंग
गर्म रंग ठंडा रंग कैसे है विरोधी रंग
शीतलता, सत्यता नीला है आनन्दमय
मनोहारी बासंती विश्राम देता हरा रंग
अवसाद अंधेरा भय बुराई हो श्याम से
शान्ति स्वच्छता एकता देता श्वेत रंग
कहलाते हैं ये दोनों तटस्थ रंग
प्रकृति कहती सीख लो रंग से
हे मानव, रंग से अंग लो अंग को
कहें कान्हा भी गोपियों के संग हो

जंगल में पेड़

जंगल में हैं पेड़ अनेक
हमें जिन्दा रखते हवा से एक
चमन में हैं फूल अनेक
सबको, सींचता माली एक
चुन-चुनकर एक समुदाय की हत्या
हत्यारों का यह पेशा नहीं है नेक
पृथ्वी पर एक छत के नीचे
घर जुदा-जुदा, हम मानव हैं एक
रक्त एक, जान एक, प्राण एक
हत्यारों के क्रम में रोने को है न अपना एक
हत्या एक है हत्यारे अनेक
कैसा है यह दर्द देख
अस्त्र-शस्त्र की रौब क्यों
किसी के बहकावे में जोश क्यों ?
मानवता छोड़ प्रतिशोध क्यों ?
बन जाओ अब मानव एक
अल्लाह के बन्दों, अल्लाह है एक
संसार में नाम, भले ही अनेक

दो, तीन शून्य

एक से एक ग्यारह
एक, दो तीन
पिरोते कितने दिन
हँसते-रूलाते
सदिया बिती
छोड़ धरोहर रंगीन
दो, तीन शून्य
एक मैं और तुम
भाग्यशाली
साक्षी परिवर्तन के
करें स्वागत सतकर्मों से
नई सहशताब्दी का
चिंतन नये संकल्प से
त्याग कर
हिंसा-आंतक
देती वादा करने पूरा मुक्त कर
अधूरे सपने
अपने-अपने
नूतन सृजनता
हम सब की प्रतिबछता
मानव-प्रकृति प्रेम
वैश्वीकरण समझ क्षेत्रीयता की मित्रता
निवारण वाई टू के से
हो विनाश विघटन कारियों का
देने बधाईयाँ भय मुक्त
करें विचरण हम उन्मुक्त
दो, तीन शून्य

कला किरण

'कला किरण आई, खुशियाँ लाई, रोशनी आई
आपको बार-बार बधाई
जिन भवनों में चित्र नहीं वे अशुभ हैं
जहाँ 'कला किरण' नहीं वे क्या है ?
'बाबा' कीर्ति ही शेष है, उत्सृजन की तलाश में
नारी अपने स्वयं के प्रयास से, उजाले की ओर बढ़ती है
विडम्बना है कि दूसरों के द्वारा, अंधेरे में ढकेल दी जाती है
कलाकारों को अंधेरा मिटाना है, चुप्पी से चीख कर गुर्राना है
अपनी कला संस्कृति को दिखाना है,
'कला किरण' को फैलाना है
भारत के कलात्मक सौष्ठव को बढ़ाना है।

जीवन

प्रकाश
अंधकार में,
क्यों जा पहुँचे
अधियारा करने
सखा,
तुम न सही
अंधकार में भी
प्रकाश शेष है
है किरन तुम्हारी
फैलाने प्रकाश

PULLMAN.
LOW WAGES.
HIGH RENT.

लूट है

लूट है, तभी फूट है
अभी विस्फोट, और विस्फोट है
हमें छूट, और भी छूट है
लूट है, फूट है
फूट है, लूट है
और अधिक लूट है
लूट,
प्राण जायेंगें छूट
फिर कैसे होगी लूट
नहीं, होगी छूट ?
लूट-लूट में
होगी एक प्राण छूट
पूरी करने को लूट
लूट से लूट लेंगे
अजर-अमर
राष्ट्रीय प्राण छूट
करने को अंधेरी लूट
न भूलोगे पुरानी लूट ?
फूट-फूट-फूट
लूट सके तो लूट
प्राण जायेंगे छूट

कृति प्रकृति की

आमत्रंण, चक्षुओं का स्पर्श
बिम्ब, प्रतीक, एक टीस अस्मिता
आकर्षण रंग रेज, प्रकृति के, नाना यौवन, परातन दर्पण
उत्सुकता मुस्कराहटों, खिल- खिलाहटों, समेटने संग-संग
हाँ देखा है, ऐसा नहीं रूप, कौन हो, मैं भी जानता हूँ ?
किस नाम से पुकारूं
अभिव्यक्ति, कृति प्रकृति की

प्रातः न आया

प्यास, तन्वंगी छवि
ताॅंगे वाला घोड़ा, हिलता जलयान
हाथ कटे कारीगर, मृग नक्षत्री बादल
किन्तु प्रतीक्षित प्रातः न आया
भटका है बंजारा दिन, अर्थों से दूर
होने और नही होने में, कथरी सम्बन्धों की
जिन्दगी चादर है, मेरे मन अनुरक्त न होना
निर्णय कर लेना, डुग डुगी गली में
बचपन के आग्रह, ढाई अक्षर
शुक्ल का अर्थ बोध
ठंड में खिली धूप की तरह, टिम टिमाता शुक्र तारा
नया राग नव ताल, संतृप्ति
संध्या की भाषा, उत्तरायण

तुम्हारा मान

बेलनाकार, बिन्दू सी आँखों ने
बेलनाकार को, समानान्तर पर
एक आर्कषक रेखा से
ऐसे बाँधा, गुदगुदाते, मुस्कराते
बेलनाकार आँखों–आँखों से
बतियाते–बतियाते
अंक गणितीय भाषा बोलने लगे
माना बेलन, एक पुरूष है
दूसरा बोला तो मैं स्त्री
हाँ तो बोलो तुम्हारा मान क्या
तुम ही निर्धारित करो
तुम्हारे बिना मेरा
मेरे बिना तुम्हारा मान क्या

कहूँ बाबू की व्यथा

तुम गुस्सा करो, मैं सहता रहूँ
बाबू हो मेरे, ये कह चुप रहूँ
अपने बच्चों से गुस्से पे गुस्सा
मैं तो नहीं करता कभी ऐसा
गुस्से में भला-बुरा तो छोड़
गाली-गलोच तक आ पहुँचे
सह रहा हूँ सहते-सहते
तुम्हें बाबू कहते-कहते
किससे कहूँ अब यह व्यथा
छिपाया है जिसे आजीवन सदा
न जाने आज फिर क्यों
किस गुस्से ने उठाया है मुझे
अपने दिल की व्यथा सुनाने तुझे
किससे कहू बाबू की व्यथा
जो अपनी व्यथा सुना न सकूँ
पिछले दिनों ऐसा होता था
जहाँ हाथ रख मैं रोता था
कुछ इसी हाल में जब कुछ वर्ष पहले
मेरे एक दोस्त ने मुझे देखा
दर्द मेरा बाँट कर हौसला बढ़ाया
उसी हौंसले से सह रहा हूँ
आज भी डाँट मैं अपने बाबू की
तुम कहाँ हो मेरे ओ दोस्त
किसे सुनाऊँ मैं अपनी व्यथा

स्पर्श का हर्ष

ये न जाना आज तक
तुम कौन, कहाँ से आते हो
रूप –रंग जाना पहिचाना
देखता हूँ देखा था
जब कभी इन राहों में
पुनः मिलन की चाहो में
निहारना,
देखकर, फिर निहारना
स्मृति में उभारना
रूप देता चित्र को
चित्रकार हूँ वही
अर्थ देता काव्य को
शब्द से पुकारता
निहारते–निहारते
बिना किसी पुकार के
खिंचें चले थे जब
हम एक स्पर्श को
कब हो चला था जो
निहारते–निहारते
स्पर्श के हर्ष ने, बिखेरी एक मधुर मुस्कान
बिखेरते–बिखेरते खड़ा हूँ मैं
ढूंढने तुम्हारी मुस्कान
न आओ अब
दिल में लिए एक बड़ा तूफान
बिखेरो और बिखेरो
अपनी एक अनूठी मुस्कान
जो बनेगी तुम्हारी पहचान
भ्रमित हो न जाना अब
फैलाकर अपनी ये मुस्कान
बिखेरो और बिखेरो

मैं एक पतंग हूँ

मैं एक पतंग हूँ
जा उड़ूँ एक चाह में
उंमग में, उमंग से
छूने प्रकाश के उद्गम
इठलाती ध्यान बटाती
ऊँची और ऊँची उड़ान पर
पैग बढ़ाती, ढील दो जाने दो
टिमटिमाती-चौंधियाती
मैं आ रही हूँ प्रकाश
बचते-बचते इन पतंगों से
न जाने कब कट जाऊँगी
फट जाऊँगी या फिर जा उड़ूँगी
चाह वही, राह वही
मिलने उससे जो न मिला था मुझे
आजादी में भी आजादी के बाद
कैद मुक्त कैद में
यर्थाथ की अनेक उड़ानों पर
अरे ओ, आजादी के दुश्मनों
न काट कर अपना लो मुझे
मैं भी तो तुम्हारी ही हूँ
पाकर सजा लो मुझे सेज की तरह
त्रिशंकु से न हटा लो मुझे
कट कर आई हूँ मैं
अपने घर में बसा लो मुझे
सीने से लगा लो मुझे
दर्द अपना दवा दो मुझे
दर्द अपना दवा दो मुझे
मैं एक पतंग हूँ

हिन्दुस्तानी

रेस्ट्राँ में स्ट्रा से
सिप करते-करते
कमासिन 'ली' मुझसे पूछती है
आर यू इंडियन
हाँ मैं भारतीय हूँ
बीफ नहीं खाते
आखिर क्यों ?
मैनें कहा
इन फ्यूचर
तुम्हारी सन्तान
तुम्हारा मिल्क
सिप करते-करते
तुम्हें ही खा ले तो
आर यू हिन्दू
येस ऑफ कोर्स
पर पहले हिन्दुस्तानी
हिन्द देश का एक हिन्दुस्तानी
हिन्दू से है हिन्दुस्तानी
बुद्धा से है हिन्दुस्तानी
महावीर से है हिन्दुस्तानी
ईशू से है हिन्दुस्तानी
रहमत से है हिन्दुस्तानी
नानक से है हिन्दुस्तानी
हम सबसे है हिन्दुस्तानी
करूणा, प्रेम, सत्य अहिंसा
दया-धर्म, भाई-चारा
सिप करते-करते
बढ़ता है एक हिन्दुस्तानी

संहार, हत्या, फरेब से
दूर है हर हिन्दुस्तानी
ब्राह्मण-क्षत्रिय, वैश्य-शुद्र
हो गई बात पुरानी
अपने में समा लेने की
सबकी जान बचाने की
फितरत है बड़ी पुरानी
माँ की कीमत न पहिचानी
देर से जानी एक कोरियानी
बन बैठी इंडिया की दीवानी
है बात यही फैलानी
हिन्दू से है हिन्दुस्तानी

मानव के पथ

मकान मालिक ने
घर के पिछवाड़े
संकुचित आहते में
बीज बोये पास-पास
एक सुपारी
दूजा फलों के राजा आम
धीरे-धीरे समय के साथ-साथ
सुपारी आसमान छूने को
लम्बा हुआ
आम भी अपना छत्र खोल
फैलने लगा
न जानता था, क्या ?
बोने वाला बीज की प्रकृति
अब कटवा रहा है
टहनी एक-एक कर
आम के वृक्ष की
काटते-काटते
मात्र शेष है
आम वृक्ष का कटा तना
उसकी कटी अंगूलियों के साथ
ठूंठ सा यह खिसयाया
देख सुपारी वृक्ष को हिलते-ढूलते
कह रहा था अपनी कथा
शायद फैलाना ही था मेरी व्यथा
मैं तो अपने धर्म कर्म पर अडिग था
काश मुझ में भी
मानव सी बुद्धि होती
जो सिर्फ अपने लाभ (की सोच में) को ही ढोलता

मैं भी आज अपने स्वार्थ के लिए
न फैलकर सीधे ही सही
तुम्हारे साथ-साथ आसमान छूने लगता
या तुम्हें भी अपनी ही भाँति
फैलकर बढ़ने को कहता
क्या तुम मेरा कहा मानते
जब कि मैं तो कटता ही
शायद तुम्हें भी बेदर्दी से कटवाता
जैसे आज दानव ने
मानव के कहने पर
मुझे काटा है
दोस्त हम-तुम तो सदा
अपना धर्म कर्म ही अपनाते हैं
न कभी किसी के बहकावे में आते हैं
तुम साक्षी हो मेरे दोस्त
मेरे साथ जन्म से
मिल जुल कर आगे बढ़ने के
न अपने पथ से विचलित होने के
मानव के पथ से हटने के
मानव के पथ से हटने के।

रंग से रंग

रंग में रंग हो
रंग ने कहा रंग से
रंगना कहाँ है रंग ?
जहाँ मैं जाता हूँ
तुम्हें पहले ही पाता हूँ
फिर तुमको क्यों छिपाता हूँ ?
रंगते-रंगते
रंगों की पर्तों में
तुम्हारे ही रंग में से
बिखेरता जाता हूँ
प्रेम का रंग
सौहार्द का रंग
अजब हैं ये
सराबोर होली के रंग
बटोरता-बिखेरता हर मानव मन
रंग से रंग के मिलन
खिल उठे मानव के तन-मन
सफल हों जीवन के चिंतन-मनन।

किताबें कला चित्रकला की

ओ हमारे प्यारे श्रोताओं
विशेष रूप से होनहार विद्यार्थियों
सुनाता हूँ आप सबको मैं
किस ने लिखी किताबें कला क्षेत्र में, चित्रकला की
क्या है कला ? चित्रकला व अन्य कलाऐं
'मीनिंग ऑफ आर्ट' जानो हर्बट रीड से
क्या कहते है ? मुल्क राज आनंद, पुरोधा कला इतिहास के
लिखा जिन्होनें 'द हिन्दू व्यू ऑफ आर्ट'
खूब दिया ए. के. कुमार स्वामी ने
'इंटरोडक्सन टू इंडियन आर्ट'
(यानि भारतीय कला का एक परिचय)
'इंडियन आर्ट थ्रू द ऐजेज' छपवाया भारत सरकार ने
स्टेला क्रैमरिच ने भी लिखा है
'द आर्ट ऑफ इंडिया थ्रू द ऐजेज'
पढ़ना न भूलो तुम
'द आर्ट एंड आर्किटेक्चर ऑफ इंडिया'
लिखी वैंजामिन रो लैण्ड ने
जॉर्ज एलेन और उनविन ने लिखा
'इंडिया और मार्डन आर्ट'
पढ़ो जरूर तुम पार्थ मित्रर की 'इंडियन आर्ट'
तारा पोरेवाला और एन. सी. मेहता
दोनो ने ही लिखी पृथक-पृथक
किताब 'स्टडीज ऑफ इंडियन पेंटिंग'
'आइडियल्स ऑफ इंडियन पेंटिंग'
है क्या जानो ई. बी. हवेल से
भूल न जाना पढ़ना आप
परसी ब्राउन की 'इंडिन पेंटिंग'
'ए ब्रीफ हिस्ट्री ऑफ इंडियन पेंटिंग'
सूक्ष्म में पढ़ो एल. सी. शर्मा की किताब
देखो व पढ़ो जरूर नेविल तूली की
'द फ्लेम्ड मोजाइक इंडियन कांटेम्परी पेंटिंग'

कला विज्ञान प्रौद्योगिकी

चित्र, मूर्ति, स्थापत्य,
दिखाई दे जो दृश्य कला है
सुनाई दे जो काव्य व संगीत
यही तो श्रव्य कला है
कला एक अभिव्यक्ति है
एक भाव भी है कला
आकार देता है कलाकार
पुष्टिकर्ता विज्ञान है
विज्ञान दे अनवरत ज्ञान
प्राणी, जैव, भौतिक रसायन
करते आये है क्रियान्वयन
लियनार्दो ने चित्र बनाया
विज्ञानी ने उसे उड़ाया
मानसिक सुख देती कला है
विज्ञान देता पल-पल आराम
दोनों ही जीना सिखायें
आयें दोनों जीवन भर काम
काम ही पूजा के इस दौड़ में
वैश्वीकरण के इस दौर में
अब किसे खोजते हो तुम
खोजी हूँ मैं भी वास्कोडिगामा की तरह
खोजते-खोजते जा पहुँचा स्पेश
यूरी गागरिन ने दिया नया संदेश
आओ चलें घर बनाये स्पेश
ढूंढ़ों मुझे ई-मेल से मिलूँगा
कला विज्ञान प्रौद्योगिकी, एक सामन्जस्य
जन-जन पहुँचायें ये संदेश
कहाँ हो तुम लौट आओ
यहाँ के ब्रह्मा, विष्णु, महेश
न जाओ तुम छोड़
मेरे प्यारे भारत देश।

काम पर लगा

अभी आज
नहीं लगता अपना सा
सोचता उत्तराखंडी उत्तरांचल
भैंस पाले उत्तरांचल
दुध दूहे उत्तर प्रदेश
बदले–बदले माहौल में
छायी है मायूसी
वीर बाला तीलू रौतेली
इस नये आंचल में
करवटें ले रहा पहाड़
कहती है डांडी–काटी
सजाना–संवारना चाहता हूँ
मेरे उत्तरांचल मैं तुम्हें
पहली वर्षगाँठ की दहलीज पर
क्यों कर भूलते हो मुझे
दूर पास के समर्थकों से
न बुलाओ सज्जाकार
जो अपना हित साध रहे
मौजूदा नई व्यवस्था से
सुनो उत्तरांचल के स्वामी
देखो समझो ए राजनेताओं
उत्तरांचल के भविष्य विधाताओं
निवेश की असमर्थतता में
बुद्धिजीवी उलझे पड़े हैं
अपनी–अपनी बहस से
प्रदेश की सार्थकता में
समृद्ध उच्च उत्तरांचल हेतु
तुरत–फुरत कुछ हो नही सकता
समय लगेगा आकार लेने

उत्तराचंल के सुन्दर स्वरूप में
संयम से राह दिखा
धरने आन्दोलन से दूर भगा
गति बढ़ाने विकास की
ए उत्तरांचल
हाथ से हाथ मिला
एक-एक कर सबको
काम पर लगा
काम पर लगा
काम पर लगा ए उत्तरांचल

एक जातिगत नाम

काम, दाम व भरपेट एसो-आराम को
छोड़ चला क्षेत्र-वतन से जुड़ा एक जातिगत नाम
नये अद्भुत नामों के बीच बेगाना परदेशी
ढूँढता अपने-अपने, फैलाने अपना काम-धाम
कर्म-निष्ठ, महत्त्वाकांक्षी, रमता-रमाता
बन बैठा सर्वश्रेष्ठ नामों में यह 'एक नाम'
नामों को क्यों कर यह सब न भाया
उस एक नाम को बाहरी बताया
सबने मिलकर हो-हल्ला मचाया विदेशी है परदेशी
इसे मार भगाने का संकल्प उठाया व षडयंत्र रचाया
परदेशी ने अपनी नियति न जानी
ऐसे वतन में जीता जो मन को न जाना
ये सब नाम मेरे क्षेत्र वतन के हैं
जिसे सींचा उसी एक प्रकृति ने
जिसकी गुन-गुनी धूप, हवा-पानी
सारे जहाँ को देती एक सा- सानी
क्षेत्र छोड़ अपना जर्मीं को न जाना
जाति के ही नाम पर जाति को न जाना
सारे जहाँ को अपना वतन क्यों न माना ?

सेवा से सृजन

पहले पहल सुना था
कर सेवा मिलेगी मेवा
कला ही सृजन है
काम अधिक बातें कम
करते-करते काम से
सुधरे सारे काम
काम से कला का
कला से सृजनता का
सृजन करे सबका विकास
देश सेवा से बड़ी ना सेवा
ये बताता आया हमारा इतिहास आया

एक बीज करूणा का

अल्वानिया की भूमि में उपजा, एक बीज ढूढ़ता
आ गया भारत देश, फैलाने विश्व भर संदेश
ढूढ़ते-ढूढते वह बो गया ऐसे बीज
दीन-दुखियों की सेवा को, तत्पर था जो बीज
पुष्पित व पल्लवार्पित हुए मानवता के बीज
भारत रत्न, नोबेल प्राइज से जिसने आँखें ली भींच
अलंकृत व सम्मानित करे उसे गौरवांवित होने को हर वतन
छोड़कर सब जा उड़ा भूला हुआ अपना वतन
अंकुरा, अंकुरेगा कितने जन्मों में ऐसा बीज
मानवता से परिपूर्ण हो जो मदर सा यह बीज
अपनत्व व प्यार का अंकुर, करूणा व ममत्व का
सहृदयता व मानवता का बीज, अहिंसा व शांति का बीज
दुःख व खुशी के अश्रुओं की, उत्तरोत्तर झड़ियों से
अंकुरेंगें अब, कितने-कितने, नये बीज
प्यार, अहिंसा, करूणा, सेवा से तू भी इनको सींच
एक बीज है फैला हुआ, विश्व के हर चमन
अर्पित करे श्रृद्धा सुमन, हर तन-वतन
करूणा से परिपूर्ण मातृका देवी को नमन

आजादी

आजादी दिवस
तिरपन वर्ष
मैं और हमारी आजादी
पग-पग बढ़ती जाती
शहीद वतन के नाम
च्रकों से हो सम्मान
अब है कारगिल के नाम
चन्द को जीते-जी अन्यथा मरणोपरान्त
सौहार्द-प्रेम, मित्रता
त्याग संकल्प समर्पण
बल विश्वास सृजन
निरन्तर गहन चिन्तन
नया होश, नूतन जोश
दूर-दृष्टि, पक्के इरादे
हमारे अपने वादे
मात्र प्रतिबद्धता लादे
नई आशा-विश्वास
सुखमय भारत
चहुँ ओर भारत
करने सम्पूर्ण आजाद
घृणा पाप द्वेष झूठ
धोखा रिश्वत फरेब
बलात्कार गुंडागर्दी इंमरजेंसी
घटती-बढ़ती क्यो न घटती ?
क्षेत्रीय कट्टर धार्मिकता
राजनेताओं की स्वार्थी चंचलता
आरोप-प्रत्यारोपों की बौछारें
आजाद से आजादी की ओर

गर्व करता मैं एक पंछी सा
जा बैठा आजाद भारत
दूर फैले समुद्र में
ढूढ़ता अपनी आजादी
प्रभातफेरी, झंडारोहण
स्मरण करता गाँधी, नेता सुभाष
अब ढूढ़ता उन्हें करने नमन
दिया जिसने आजादी का अहसास
जियो और जीने दो
आजादी को आजादी से
खुशियाँ मनाओं पल-पल
पग-पग बढ़ती आजादी से।

एक रंग

मुझे सब रंग अच्छा लगता है
एक के बिना दूजा अधूरा लगता है
शहर में होता हूँ तो शहर वाले पूछते हैं
गाँव में जाता हूँ तो गाँव वाले पूछते हैं
सफर में होता हूँ तो हमसफ़र पूछते हैं
दोस्तो में रहता हूँ तो दोस्त पूछते हैं
दुश्मन तो दुश्मन ही हैं घर में घर वाले पूछते है
क्हते हैं दीवारों के कान होते हैं
पर आजकल तो वो भी बोलती हैं
शायद शासन के डर से चुप रहें
धन्धे के बीच धंधें वाले पूछते हैं
ऑफिस में ऑफिस वाले पूछते हैं
स्कूल कॉलेजों में विद्यार्थी पूछते हैं
यहाँ-वहाँ, जहाँ-तहाँ हम सब पूछते हैं
आखिर क्यों ? क्या जरूरी है ?
आप इनके ही रंग में रंग जायें
एक ही रंग में डूब जायें
ये सभी एक ही रंग में डूबना चाहते हैं
एक ही रंग की दीवार बनाना चाहते हैं
दीवार से तस्वीर हटाना चाहते हैं
दीवार से दीवार बढ़ाना चाहते हैं
तभी तो पूछते हैं कौन सा रंग प्रिय है
लाल ही प्रिय है पार्टी ही प्रिय है
पार्टी ही धर्म है, पार्टी ही धर्म है
पार्टी ही पूजा है पार्टी ही कर्म है
पार्टी के बिना काम न दूजा है
हमें जो दिखता है वह उनको नहीं दिखता
हमें वही देखना है जो पार्टी को दिखता है

आपकी पार्टी को काला तो हमें रात दिखती है
अपनी आँखें तो बंद हैं न दिन न रात दिखती है
बताये तो क्या बतायें तुक बैठायें तो क्या बैठायें
बैठने-बिठाने की व्यवस्था में इन्तजार है हमारे उनका
जिन्हें बैठाया है अभी जिन्हें है अभी
पार्टी के लिए इन्तजार है हमें भी बहलाने का
इन्तजार है हमें लोकतंत्र का एक रंग चढ़ाने का।

चाँदनी

चाँदनी रात में
चाँद को मैने देखा है
चाँदी की तरह
चमकती धरा से
चाँदनी रात में नौका विहार
करने को मेरा प्यासा मन
चाँद की किरणों के सहारे-सहारे
आज चाँद पर नौका उतार आया है।
चाँद से ही रातें, रातें होती हैं
अभी तो सिर्फ बातें, बातें होती है
वो दिन दूर नहीं अब
जब चाँद में भी रात रातें होती है
चाँद की रातों को क्या नाम दूँ
चाँद से चाँदनी देखने पर व ढूढ़ने पर
सिर्फ याद आया करेंगी
वो चाँदनी रातें, ईद के चाँद सी
हमारे टेस्ट ट्यूब बेबीज को
जिसे किसने देखा है त्यौहार मनाने को
चाँदनी रातों की चाह में
सातवें आश्चर्य की भाँति ताजमहल न सही
'चाँदनी लैण्ड' चाँद पर बना लेना

परदेश

अपना देश छोड़कर कैसे पहुँचा परदेश
परदेशी कहकर तुम सब मुझे भगाते मेरे देश
प्रेम-मानवता के क्षण में उसकी कला के सुनहरे रंग में
परदेशी को ही अपना कर अपनों ने ही भगाया मुझे
चीर कर मैनें देखा नहीं, परदेशी जिस्म के लहू का रंग
न परखा था कभी उसके देश का रंग-ढंग
उसकी धूप का रंग जो मुझे न चढ़े
हवा की सुगन्ध जो मुझे न मिले
पानी की शीतलता जिससे मेरी प्यास न बुझे
उसकी धूप, हवा, पानी सब भिन्न तो नहीं
माटी के रंग में वानस्पति भिन्न तो नहीं
मेरा पहनावा भिन्न हैं तन ढ़कता है
मेरा खाना भिन्न है, पहचाना जाता है
मेरी भाषा भिन्न है, आँखे बोलती हैं
मेरा धर्म भिन्न है, सिखाता नहीं आपस में बैर करना
मेरा सब भिन्न है, चाह एक है मगर 'भिन्न' है
चाह है मेरी मै सीखूं तुम्हारी कला अपनी अभिव्यक्ति सी ही
फैलाने देश परदेश, तुम मेरी अपनी कला तो पहिचानों
सुनो देखो, आत्मसात कर एकीकार करना जानो
नदी-पेड़ से सीख लो तब पानी फल खाना जानो
जीवन अपने लिए नहीं, दूसरों पर मिटाना जानों
पंतगे व दीपक में पंतगे की नियति को पहिचानों
सोचो, अब कहाँ जाओगे परदेशी,
सीख से देशी की हल-चल पहिचानों
सीखा दो उसे भी परदेश जाना, जहाँ से कोई न चाहे चाहकर
भी लौट आना।

प्रकाश एक

मस्त
घुमक्कड़
फक्कड़
मुस्कराता
गुदगुदाता
प्रकाश
पढ़ता
लिखता
फैलाता–छपता
रोशनी करता
घर–आँगन
जंगल के पार
खोजता
ढूंढ़ता
अंधियारा
जा पहुँचा
भँवर में प्यारा
छूटा
दोस्त रिश्ते
रोते खोते
जीवन साथी
खोते–खोते
अंधकार में
ढूंढ़ते प्रकाश

जीवन दो

प्रकाश
अंधकार में
कब जा पहुँचे
उजियारा करने
सखा
लौटे नहीं तुम
प्रकाश में भी
अंधकार है
तुम्हारी
अपनी ही किरण
तब से
उदास है
अंसख्य
वृतांत
संस्मरण
अधूरे आलेख
लौट आओ
ऊर्जा देने
गति देने
जीवन के प्रकाश
है किरन तुम्हारी
फैलाने प्रकाश
प्रकाश का प्रकाश
जीवन दो।

नदिया की चाह

गंगा चली
मैं कहाँ परदेश
छूटा अपना देश
कदम पड़े इस पहाड़
पल-पल बढ़े उस प्रदेश
नूतन स्पर्श
अनचाहा अनजाना परिवेश
घृणित वीभत्स आत्मसात
अशेष कठिनाई
ईर्ष्या-द्वेष सबरंग
शांत अशांत मन
उछलता कूदता
स्मरण आता बचपन
मनन चिंतन
आत्म मंथन मैं
कहाँ कैसे
उछलती कूदती फूदकती
रूकती रूकाती
पल भर भटकती सिमटती
समाई भवसागर
आलिंगन क्यों कर
पूछती तुमसे तुम
कहाँ, कौन, किस धरती आई
क्या-क्या लाई
क्यों छोड़ आई
एक दो खौफ
अनगिनत उपकार
रास्ते भर

सुनती सुनाती
एक ही व्यथा
अपनी सी कथा
सागर में नदिया
एक दूजे से
आवाज दें
चलो उड़े मानसून बन
निर्मल उद्गम
करने पुनः
उपकार बार बार
वहाँ
जहाँ है अपने
अपने देश
सम्भाले मेरा
अंश भर अवशेष।

परमाणु विस्फोट

परमाणु विस्फोट कर
मानव हो रहा प्रसन्न है
अंह व क्रूरता के गौरव में
दे रहा है आमंत्रण
प्रकृति से खिलवाड़कर
मार प्रकृति की सह कर
अब जलजला व भूचाल से
जान अपनी दे रहा है।

परमाणु विस्फोट
प्रकृति विस्फोट
की पराकाष्ठा में
मौन सो गये मानव हजार
धरा को न छुओ
अन्दर घुसकर उसे विचलित न करो
सांमजस्य हो
अपने उत्थान पर
दोनों मिलें
मानव व प्रकृति।
परमाणु बम फटा
मानव हँसा
मगरूर हुआ
अपने विज्ञान पर
प्रकृति फटी
मानव रोया
असहाय हुआ
अपने ज्ञान पर
मानवता फैली
मानव मिला
प्रसन्न हुआ
अपने प्यार पर।

सुबह बनी स्याह रात

एक स्याह रात
एक और एक ग्यारह
कैसी ताकत व तालमेल
आज तक
न देखी ऐसी संध्या
जीवन्त प्रसारण
यहाँ रात में
जहाँ सुबह बनी थी
एक स्याह रात
देशों के राजा
अमेरिका तेरे देश में
नई सहस्त्राब्दी के प्रारंभ
गवाह मैं भी हूँ
न सोचता था
आर्किटेक्ट मिनोरा यामासाकी
ढेर होगा ऐसे
आहत हुए जब तुम
वर्ल्ड ट्रेड सेंटर
आ टकराया
एक और दूसरा विमान
भयंकर विस्फोट
आतंकियों की आतिशबाजी
न जाने किस-किस ने जान गंवा दी
हक्का बक्का भौचक्का
मैं क्या करता यकीन सा न होता
देखता-सुनता
तीसरा विमान
पेंटागन यानि पंचभुज टकराया

आग लगी धमाकों से भीषण तबाही
अमेरिका थर्राया
अरे ये क्या जल-जले आये
चौथा विमान भी गिरा और जला
विमान क्यों कर गड़बड़ायें
हमसे कौन क्यों टकरायें।
आत्महत्या विमानों की
मैनें सोचा अब न जाने कहाँ गिरेंगे ?
सुना था सच है
जैंतिया आसाम में
आत्महत्या करने
आते है आत्मघाती पक्षी
विचित्र किन्तु सत्य
पक्षी से प्रेरित हो विमान भी
जो मानव ने बनाये
आत्मघाती पक्षी से प्रेरित
आत्मघाती ये विमान
जिसने ले लीं हजारों जान
तुम्हें अब हुआ है मान
जैसा बोओगे
वैसा काटोगे
किसने बनाई
ये बारूद और ऊँची उड़ान
किसने शह दी इन्हें
जो उड़ाये स्वयं को
सब ठीक हो जायेगा
समझाते थे मुझे
हम न कहते थे
दर्द मेरा जान
मेरी बात भी मान

न कर अभिमान
निकल जायेगा अभिमान
सेर को सवा सेर मिलते हैं
अब सवा सेर की बारी है
निर्दोषों की जानों में
क्यों कर अपनी बलिहारी है
अंह के निराले कीड़े ने
ये सारी दुनिया उजाड़ी है
अपनों के ही आतंक से
हम भी बने आतंकी
तुम हमें हम तुम्हें
अब कहते हैं आतंकी
आतंकवाद का जन्मदाता कौन ?
आतंक के रूप निराले हैं
प्रश्न है मेरा तुमसे
पूछो-पूछो अपने दिल से
पड़ोसी का तुम न बताओ नाम
खुद को जानो, आतंकवाद पहिचानो
जो समझते हैं वे नही हैं आतंकी
आतंकी को कौन समझाये
भाग-भाग आतंक फैलाये
कहाँ है आतंकी स्वयं समझ न पाये
मृग की मौत अच्छी तो नहीं
शिकारी को कौन बताये
शुरू हुई अब जंग
आतंक को दूर भगाने की
सवा सेर को राह दिखाने की
प्रतिशोध की इस भावना से
विश्वयुद्धों की मंजिल न बना
शांति का एक स्वर्ग बना

मनुष्य को मानव से मिला
इनको नौ दो ग्यारह कर
आतंकी को भी मानव बना
हथियारों से दूर भगा
हथियारों को निष्क्रिय बना
रात को रात
सुबह को सुबह बना
सुन्दर-सुन्दर फूल खिला
मुस्कानों के दीप जला
एक दूजे से हाथ मिला।

आशा

आशा है एक सुन्दर संसार
कभी धूमिल न होने वाली जीवन की धार
मैं गवाह हूँ पहले पहल इसका
जो बदल सकता है उस संसार को
विश्वास है मुझे लोगों के ताकत के व्यवहार का
हम बना सकते है व्यवस्थित सशक्त समाज
आ करें जो काम एक गरीब व दिव्यांग के काम
बताकर उन्हें वे हैं जीवन की धार
हमारे अच्छे कार्य एक साथ हैं धारदार
एक के दो हाथ होते होते कई-कई हाथ
रहते हैं ग्रामीण और शहरी जीवन में
एक है भीड़-भाड़ से भरा दूजा है अकेला पढ़ा
गरीब व दिव्यांग यहाँ भी वहाँ भी
दोनों की ताकत भरे हाथ साथ मेरे दो हाथ
बदल रहे, बदल रहे थे बदल देंगे
अ से ज्ञ तक ज्ञानी-अज्ञानी भारतवासी के विचार
बनाने भारत को विश्वगुरू
इस आशा से उस आशा के साथ
जो है हम सब की एक नई आशा
आ जाये सब एक छत्र में भारत माता के
राम के त्याग, मीरा के प्रेम के
गाँधी की अंहिसा, पटेल की एकता
कृष्ण के गोर्वधन की भाँति
भारत की आकाशगंगा में एक पिंड की भाँति
कि सारा ब्रह्माण्ड हो एक भारत, श्रेष्ठ भारत
एक अटूट अखण्ड अभूतपूर्व श्रेष्ठ भारत।

विभिन्नता में एकता

भारत सांस्कृतिक विभिन्नता में एकता
राज्य और केन्द्रशासित
राजधानी मंडल और जिले
खान-पान, रहन-सहन, कला शिल्प-संस्कृति
खेल-कूद, भाषा-बोली, लोक कलाएँ, हस्तकला
मेला-त्यौहार, नृत्य संगीत
आन्ध्रा की कलमकारी, बिहार की मधुबनी
छत्तीसगढ़ की गोंड, हरियाणा की पोटरी
कश्मीर के आदमी के कार्य करने की कला है निराली
झारखण्ड के सन्थालों की सोहराई (हारवेस्ट आर्ट) कला चित्र
विवाह में बनाते हैं कोहवर
वारली चित्र, पैथानी साड़ी है महाराष्ट्र की
मिजोरम नागालैण्ड मणिपुर मेघालय का केन एंड बम्बू क्राफ्ट
उड़ीसा के पटचित्र (पाम के पत्तों में बने चित्र)
सेंड आर्ट में जाना माना नाम सुदर्शन पटनायक
पंजाब के हैं फुलकारी
राजस्थान की लघुचित्रण परम्परा मालवा, मेवाड़ आदि
राजस्थान की कठ-पुतलियाँ, जादू और कुन्दन आभूषण कला
सिक्किम की थंका कला,
तमिलनाडु ने है दिया एक सुन्दर ताम्र प्रतिमा चोल
'शिव नटराज'
तेलांगाना की अनेक शिल्प ब्रास बिदरी, डोकरा
उत्तरप्रदेश की चिकनकारी, बुनाईयाँ साड़ी तथा कारपेट की
मुरादाबाद में पीतल व सहारनपुर में लकड़ी का काम,
खुर्जा, चुनार और रामपुर की चमकदार पाटरी
उत्तराखंड के ऐपण व गढ़वाल चित्रकला शैली
अल्मोड़ा टम्टाओं का ताँबें की कला
शेखर जोशी की नखक्षत (नेल आर्ट)
बंगाल में कालीघाट व स्क्रोल व पट पेंटिंग

क्ले एंड टेराकोटा, मास्कस, कांथा, सोलापीठ
अंडमान निकोबार का लकड़ी केन बम्बू व शैल क्राफ्ट
दमन एवं दीव में मेट वेविंग
व्यवस्थित शहरों में सुन्दर शहर चण्डीगढ़ जाना जाता है
दादर एवं हवेली में चर्च, गुरूद्वारे व मस्जिद आदि
दिल्ली ज़रदोज़ी (सुनहरे धागे से कढ़ाई)
मीनाकारी (द आर्ट ऑफ इनामलिंग)
लक्ष्यदीप की ओणम, पुंडुचेरी की हस्तकला
सबकी सेवा से सृजन।

क्राफ्ट

आसाम के टेराकोटा, परम्परागत मुखौटे
छत्तीसगढ़ का ढोकराकाम (धातु की घंटियाँ)
केरल म्यूरल चित्रण
मध्यप्रदेश की रॉक पेंटिंग भीमबेटका है स्टोन ऐज का प्रुफ
मणिपुर का केन एंड बम्बू क्राफ्ट
अल्मोड़ा का ताम्र
क्राफ्ट यानि हस्त कला
हस्त कौशल व शिल्प

जुड़ते-जुड़ते

मैं जो कुछ भी देख रहा हूँ
मैं जो कुछ भी समझ पाया हूँ
यह सब मेरा ज्ञान अभिमान है
मैं तभी तो कहता हूँ मैनें किया
मैं अपने में जब इस मैं को ढूंढ़ा
मैंनें पाया कि कितने-कितने मैं हैं
ये थे कभी, हैं आज भी, हम में
मिलते-टकराते मैं, मैं समझे न तुम्हें
एक बुलबुला है मैं एक बूँद भी
बुझते-बनते, जुड़ते-जुड़ते मैं की बूँदें
बनाती है उजाडती है उस संसार को
जिसे मैं देख रहा हूँ बनते उजड़ते
जंगल कंकरीट का इस धरा पर।

जिन्दगी

मैं किसको आते जाते देखता हूँ

इस जिन्दगी में, मैनें क्या देखी है जिन्दगी

जीवन जीने की कला है जिन्दगी

मैं के अहं को त्यागना है जिन्दगी

अपने आस-पास निहारना है जिन्दगी

राग-द्वेष छोड़ भाई चारा है जिन्दगी

सुख-दुख को बाँट कर खुश रहना है जिन्दगी

शांत मन से काम काज करना है जिन्दगी

आस पास व तन मन को स्वच्छ रखना है जिन्दगी

प्रकृति के तापमान को स्वीकारना है जिन्दगी

घर व बाहर विचरण करना है जिन्दगी

किसी को सताना लूटना व मारना नहीं है जिन्दगी।

मुस्मुसिया

मुस्कोटिया किलबरी
एक साइट साइन थी
जिक्र था रीट्रिट
आशाओं अभिलाषाओं
उन्नयन से संरक्षण
देने आरामदायी जीवन
एकाकार अमूर्तन का
हो साकार एक मूर्त
हो ना तुम मुस्मुसिया
काम कर खुल कर पिया।

न हूँ मैं

जाना न पहिचाना
मिल गया अनजाना
पूछता था सरकार
कब सुनेगी पुकार
कहा न हूँ मैं सरकार
फाड़ती आँखों से
आशाओं के संसार
जा चुका था उस पार
करने परोपकार
जाने-पहिचाने अन्जानों का।

कॉल करो

कॉल कल किया
अब कब करोगे
कल या परसों
बीते जाय बरसों
लैण्डलाइन है नहीं
मोबाइल में टावर नहीं
लगाये जा सिम-सिम
पैसा कटे ना रिम-झिम
हमें कॉल कल करो
मेरी चाहत है अभी करो।

लोक कलाएं

लोक कलाएं
गीत, संगीत, साहित्य
मूर्ति चित्र
ऐपण, रंगोली, माँडना
मधुबनी, सांझी आदि
मनोरंजन के साथ
सहज अभिव्यक्ति
संवेदनाओं को छूती
अंतरभावों को जगाती
परोपकारी व कल्याणकारी
अतीत के संस्कार
रहस्यमय परम्परावादी
आस्था व विश्वास।

जीओ मुलाकात

रोज एक मुलाकात
चाहिए
जीने के लिए एक साथ चाहिए
कल कहाँ क्या हो
एक विचार चाहिए
मुद्दतें हो गई तुमसे मिले
आज जो तुम आकर मिले
आ लग जा सीने से मेरे
जीने के लिए एक साथ चाहिए
देखें है दर्द मैनें भी बहुत
हंस कर छिपाये है तुने भी बहुत
शेखर अब लग जा गले
दूर कर सब सिकवे-गिले
सिम जिओ का आया है
मरने बिछड़ने का डर भी जायेगा
मिलने जीने के लिए एक सिम साथ चाहिए
रोज एक मुलाकात चाहिए
आइडिया तो अच्छा है
वोडा तो वोड है रे
जीओ अब आय गया
हो रही जीओ से मुलाकात

एक साथ

ढूंढ़ता मैं एक साथ
घूमता उसके साथ
एक मोड़ तक छोड़ना
आकर मिले उस जगह
फिर साथ एक मोड़ तक
सिलसिला चलता रहा
प्यार भरी बातों का
एक-दूजे को समझने का
मोबाइल से भी बतियाने का
देखता था शेखर भी
मोड़ छोड़ कर आने का
एक दर्द था उस छोड़ने में
उम्मीद भरी अगली मुलाकात का
आ रहे इस तूफान में
टिक कर खड़े रहने का
मोड़ पर जब इतने जूते पड़े
लगा अब ये गले पड़े।

लेखक द्वारा निर्मित
रेखाचित्र

9-2-16
of Ms Anjana Shivdeep

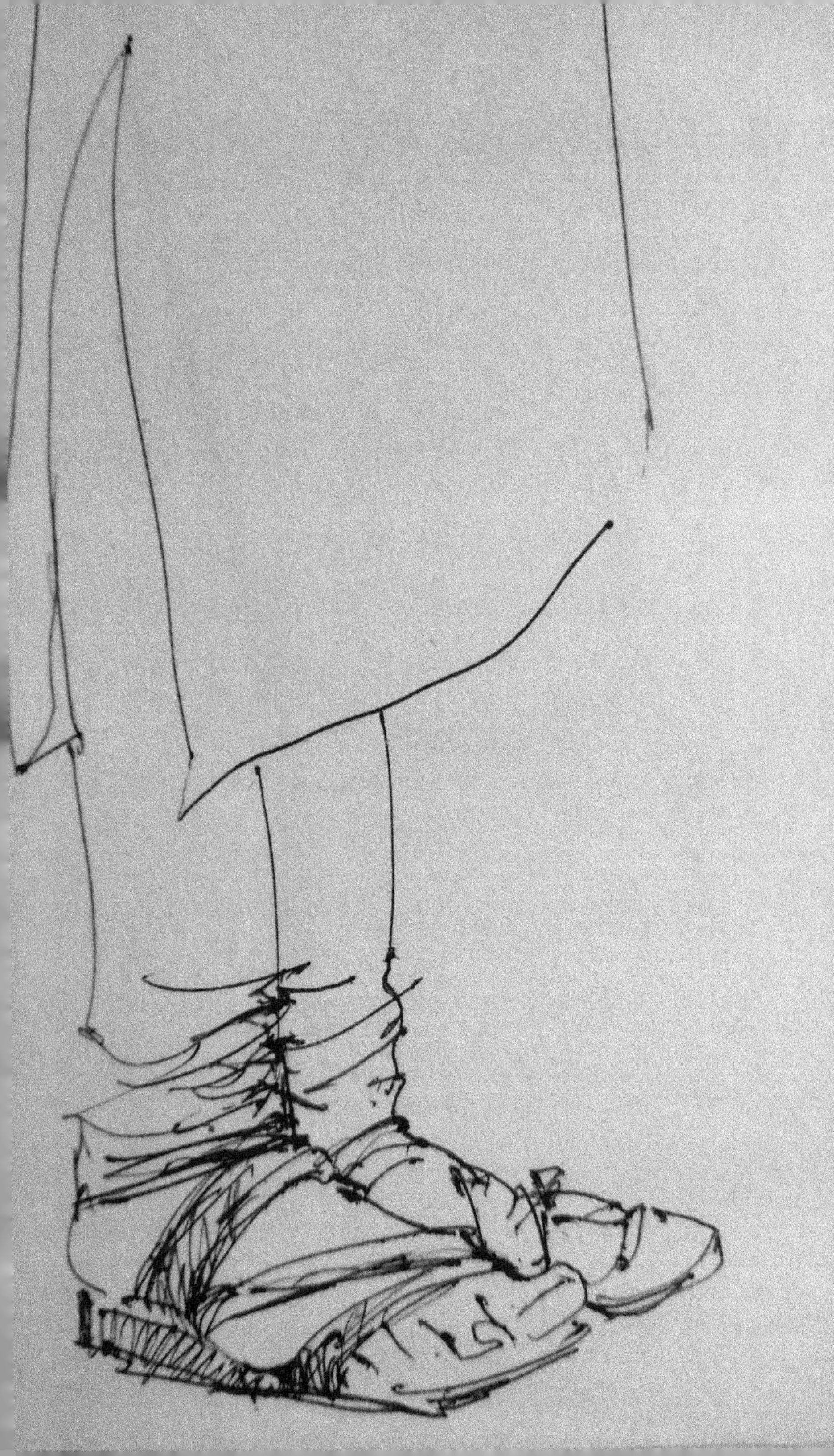

Shekhar Joi
15.01.03